COMMENT VOTERAIT

UN

ANGLAIS

PAR

MAX SENS

PARIS

IMPRIMERIE DUVAL, 26, RUE D'ARCET

—

1877

COMMENT VOTERAIT

UN

ANGLAIS

PAR

MAX SENS

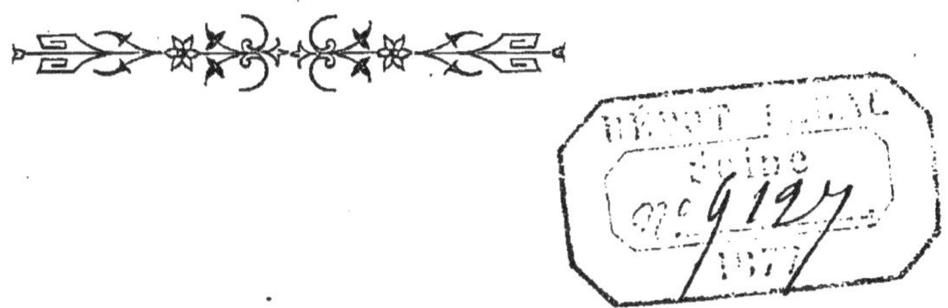

PARIS

IMPRIMERIE DUVAL, 26, RUE D'ARCET

—

1877

COMMENT VOTERAIT

UN ANGLAIS

Le 16 Mai a eu pour effet de passionner les convaincus et d'inquiéter les indécis.

La politique a sa foi comme la religion, foi plus robuste même que la foi religieuse, parce qu'elle prend sa force à l'inépuisable source du raisonnement et de l'expérience.

Aux croyants, il est inutile de tenir des discours, pendant les loisirs que le gouvernement nous fait en attendant les élections. Vrais croyants et faux croyants forment deux camps, armés en guerre, mobilisés, bien vivants, bien retranchés, bien disciplinés, où les défections sont aussi rares que les dévouements sont sûrs.

Entre ces deux armées il y a la nation, non pas les nations, puisque la guerre est civile. Cette nation-là, c'est le monde de ceux qui cherchent une foi nouvelle, qui ne savent ni à quoi, ni à qui croire; c'est, pour notre malheur, presque toute la France.

A ceux-là nous voudrions faire entendre la parole de vérité; à ceux-là nous espérons faire voir la vérité, malgré l'insuffisance de la parole. Notre ambition n'est d'ébranler aucune conviction, trop heureux si nous aidons à en faire naître, là où règne le vide.

Qui n'a souhaité à la France le gouvernement parlementaire, tel qu'il est pratiqué en Angleterre? Qui trouve aujourd'hui ce gouvernement insuffisant ou impraticable en France? — Les croyants!

Aux autres, à ceux qui se réjouiraient de sortir de la crise actuelle pour entrer dans la pratique franche et suivie du *self government,* nous adressons la prière de suivre avec nous les phases historiques de l'état politique chez nos voisins.

Aux tendances libérales de plus en plus accentuées du pays, Charles Ier opposa dès son avénement les prétentions les plus absolutistes. Les Chambres lui résistèrent. Trois fois il prononça la dissolution, trois fois les électeurs lui renvoyèrent un Parlement fidèle au mandat libéral.

Le roi résolut alors de gouverner seul: la guerre

était déclarée. Pendant onze ans (1629-1640), il leva les impôts illégalement, emprisonna quiconque était soupçonné de désapprobation, appliqua enfin tout un système de compression et de terreur.

Il avait adopté celui de son conseiller intime, Thomas Wentworth, comte de Strafford, que son auteur lui-même qualifie de *Système à outrance*.

« Mettre les états du royaume et la liberté person-
« nelle du peuple entier à la disposition de la couronne ;
« priver les tribunaux de toute autorité indépendante,
« même dans les questions ordinaires de droit civil
« entre simples particuliers ; punir sans merci qui-
« conque ferait entendre des murmures contre les
« actes du gouvernement ou qui en appellerait de ces
« actes à un tribunal quel qu'il fût..... et pour exécu-
« ter ces vastes projets, un seul instrument, — une ar-
« mée permanente. » (MACAULAY.)

Or, il arriva ce qui arrive en suite de tous les systèmes à outrance : une circonstance imprévue, une cérémonie religieuse mit le comble à l'exaspération générale ; une émeute dégénéra en révolution.

Le roi, manquant d'argent pour solder des troupes et de troupes pour prendre de l'argent, fut contraint de convoquer un nouveau Parlement.

Celui-ci ne se montrant pas plus rampant que le précédent, le roi décida une quatrième dissolution (1640). Il revint au système à outrance qu'il renforça en rétablissant la torture. Il ne réussit qu'à généraliser la haine, l'exaspération et la résistance. De nouveau à bout de ressources matérielles, il tenta de gouverner avec la seule Chambre haute, mais les lords, refusant de le seconder dans une voie aussi illégale, il dut appeler une fois encore les électeurs. — Le peuple lui répondit en lui envoyant le célèbre *Long Parlement*, dont le premier acte fut d'envoyer à l'échafaud Th. Wentworth, comte de Strafford, l'inventeur du système à outrance. Charles, auquel le même sort était réservé, triste fruit de onze années de dictature, prit les armes. Vaincu après trois années de guerre civile, il se réfugia chez les Écossais. Puis livré aux Anglais, il fut condamné à mort par le Long Parlement, sous la pression de l'armée qui l'avait battu.

Après seize années de despotisme militaire, sous le nom de Protectorat de Cromwell, puis de République, le Parlement restaura Charles II, qu'on pouvait supposer converti à des idées plus saines par l'exemple de son père. Mais aussitôt son retour, les réactionnaires, dits Cavaliers, l'entraînèrent dans les errements anciens, et la lutte recommença contre l'arbitraire.

L'acharnement allait croissant : les plus considérables des whigs (libéraux) furent condamnés et exécutés, sous prétexte d'avoir comploté l'assassinat du roi et de son exécré frère, le duc d'York, plus tard Jacques II (Essex, Russell, Sydney).

« Aux poursuites criminelles pour non-révélation de
« complot, pour libelle, succédèrent les actions civiles
« pour diffamation contre le duc d'York, qui obtinrent
« des dommages-intérêts équivalents à l'emprisonne-
« ment perpétuel. Les franchises de la cité de Londres
« lui furent retirées pour cause de forfaiture. Les cor-
« porations wighs furent dissoutes et les bourgs perdi-
« rent leurs priviléges. Tout écrivain poursuivi par le
« gouvernement n'avait aucun espoir d'échapper à une
« condamnation. La crainte du châtiment tenait lieu
« de censure. » (MACAULAY.)

La Chambre des Communes avait été dissoute quatre fois en deux ans. Le roi se crut assez fort pour se dispenser de convoquer un nouveau Parlement dans le délai légal de trois ans. Il viola encore la Constitution en faisant entrer au Conseil le duc d'York, son frère, passionnément haï de toute l'Angleterre. Une crise était imminente lorsque, subitement, il mourut.

Le premier acte du nouveau roi Jacques II (duc d'York) fut de jurer qu'il maintiendrait la Constitution dans l'Etat et dans l'Eglise, et qu'il serait le premier défenseur des libertés du peuple anglais (1685). Mais tout en parlant ainsi, il disgraciait les plus libéraux des conseillers de Charles, nommait grand juge l'ignoble Jeffreys et percevait illégalement les taxes des douanes.

Bientôt, cependant, poussé par l'opinion publique, il se décida à convoquer le Parlement.

Il accepta secrètement deux millions de livres de Louis XIV, pour l'aider à faire de bonnes élections, préférant la sujétion au roi de France à la dépendance du Parlement. Ce n'était pas sans douleur et sans effort contre sa fierté que Jacques se faisait ainsi l'esclave de Louis; mais, telle est la passion du pouvoir absolu, qu'elle l'entraînait à trahir son pays et autoriser, pour une somme d'argent, son protecteur à s'annexer le Brabant et le Hainaut.

Cette fois, les électeurs envoyèrent à la Chambre des Communes une immense majorité tory. Le gouvernement royal, fort de l'appui apparent du pays, s'abandonna à la plus violente persécution politique et religieuse contre les whigs. Les écrivains les plus honorés, fussent-ils septuagénaires, moururent sous le fouet dans les rues de Londres. Les conformistes furent impitoyablement mis à la question, à la torture et massacrés, tantôt avec simulacre de jugement au tribunal de Jeffreys, tantôt sommairement par les soldats.

L'accord, pourtant, ne fut pas parfait entre la cour et les députés qu'elle avait choisis. Le roi leur demanda, dès l'ouverture de la session, des armes dont ils voulaient bien qu'on se servît contre leurs ennemis, mais dont ils redoutaient l'usage contre eux-mêmes. C'était la suppression de l'acte du Test et de l'acte de l'*habeas corpus,* c'est-à-dire de la garantie religieuse et de la garantie personnelle. Ils répondirent en réclamant l'application des lois religieuses à tous les dissidents. Les tories eux-mêmes recommençaient la guerre.

Jacques chercha dans l'armée la force d'imposer sa volonté, et, en particulier, la prépondérance de l'Eglise romaine sur l'Eglise gallicane. Mais, instruits par la dictature militaire de Cromwell, encore émus du danger qu'avait fait courir au pays la conspiration des poudres, les tories craignaient autant le joug de l'armée que l'armée elle-même abhorrait le catholicisme romain. Les Communes ne se laissèrent pas intimider. Ces députés, dont les onze douzièmes avaient été désignés par le gouvernement au choix des électeurs, et nommés à force de corruption et de violence, refusèrent, par 212 voix contre 170, les subsides demandés pour lever des troupes, et votèrent le maintien de l'acte du Test.

Jacques déclara sa volonté de passer outre, et prorogea le Parlement. *Ultima ratio....* Il fit en même temps emprisonner les principaux membres libéraux des deux Chambres. Mais la résistance gagna les pairs, et la cour du grand sénéchal, composée de lords choisis par le roi, acquitta lord Delamere, accusé de complicité dans l'insurrection de l'ouest.

L'intelligence de Jacques était inaccessible à l'idée qu'il dût ou pût jamais rien céder aux remontrances, aux avertissements ou aux vœux de ses sujets, même de ses amis.

A l'attachement que montraient les Chambres pour l'Eglise gallicane, il opposa ouvertement son amour du catholicisme romain, et prit ostensiblement pour confident le R. P. Petre, de la Compagnie de Jésus. Aux conseils de modération de ses plus dévoués partisans, il répondait : « Je ne ferai point de concessions ; « mon père en a fait, et il a été décapité. »

Appelait-il concessions trois années de guerre civile après onze années de gouvernement absolu et illégal?

Cette lutte, souvent cruelle, toujours empreinte de duplicité, de la Couronne contre le Parlement, parut alors prendre une forme exclusivement religieuse. Ce qui a fait dire souvent que la Révolution d'Angleterre n'avait été ni politique ni sociale. C'est une erreur.

La Couronne manifeste, en toute circonstance, sous Jacques II comme sous Charles Ier, la volonté opiniâtre d'anéantir, à l'exemple de Louis XIV, tout pouvoir rival du sien. Le Parlement, de son côté, maintient ferme ses prérogatives, seuls obstacles à l'arbitraire royal. C'est ainsi qu'il refuse les subsides pour l'augmentation de l'armée, mesure absolument politique et militaire ; qu'il s'oppose avec la plus constante énergie à l'abrogation de l'acte d'*habeas corpus*, mesure toute civile, en même temps qu'il soutient, mais avec beaucoup plus de mollesse, l'application du Test.

Les lois proposées, votées ou violées ne sont que des prétextes dans la grande compétition, que des champs de bataille dans la grande guerre de la liberté contre l'arbitraire.

Le Parlement résiste au roi, dont le cri de ralliement est « Point de concessions », dont Louis XIV est le modèle et l'allié, dont l'instrument est la Société de Jésus.

Le roi, lui, affirme de plus en plus son mépris de tout frein. Il viole la loi du Test en nommant des papistes.colonels des régiments, titulaires des évêchés, doyens des écoles et des Universités. Il viole la loi d'*habeas corpus* en faisant emprisonner les lords et les députés de l'opposition. Il viole la loi des finances en entretenant une armée pour laquelle les fonds avaient été rejetés. Il viole les lois en les faisant interpréter par la Cour du banc du roi, qu'il remplit de ses créatures, tandis qu'il proroge le Parlement.

Oui, arbitraire et légalité, gouvernement d'un seul et gouvernement de tous, despotisme et liberté, tels étaient les deux partis en présence du commencement à la fin de la Révolution d'Angleterre, à propos de religion, à propos d'armée, à propos de finances, à propos de justice, à propos de liberté individuelle, à propos de propriété, à propos de tout.

Dans le même temps, le même combat se livrait en France, mais se terminait au profit de la royauté, et Louis XIV, arrêtant pour un siècle la marche naturelle du progrès social, transmettait à ses successeurs le pouvoir le plus absolu et le plus incontesté.

Mais Dieu, qui s'est imposé dans la nature des lois qu'il ne viole jamais, a condamné au suicide quiconque franchit les limites dont son exemple nous enseigne le respect. L'arbitraire périt par ses propres excès, en 1789 comme en 1640, en 1830 comme en 1688 (1).

---

(1) L'analogie est frappante entre les événements qui marquent l'agonie de la royauté absolue en Angleterre et en France.

Angleterre.	**France.**
Long Parlement. — Lutte légale.	Assemblée constituante. — Lutte légale.
Charles Iᵉʳ quitte Londres et prend les armes. — Guerre civile.	Louis XVI élude la Constitution. — Insurrection du 10 août. — Guerre civile.
Charles vaincu est condamné à mort et décapité.	Louis XVI vaincu est condamné à mort et décapité.

Nous connaissons tous l'histoire de la fin du règne de Jacques II. C'est celle de tous les souverains qui poussent jusqu'au bout le mépris des lois et de leurs sujets. L'arbitraire amène l'arbitraire, la résistance entraîne la résistance : l'un avec l'autre font naître la violence. Il faut tout soumettre ou terroriser.

Les écrivains indépendants sont emprisonnés et condamnés à de grosses amendes. Les fonctionnaires civils, militaires, ecclésiastiques, sont révoqués et réduits à la misère. Les particuliers perdent les procès qu'on leur intente, trop heureux s'ils échappent à la confiscation. Tous ceux, dont les antécédents ne laissent aucun doute sur leur pensée intime, sont traqués et molestés par tous les moyens qui germent dans l'imagination surexcitée du maître.

Chaque jour les exigences du despote augmentent : il lui faut plus d'argent, plus d'éclat, plus d'autorité, plus de marques de soumission. Chaque jour augmente le nombre de ses ennemis, tandis qu'il ne compte d'amis que ceux qu'il achète. Il ne peut plus tolérer une pensée, moins encore une croyance différente de la sienne ; la religion devient un argument

Despotisme militaire de Cromwell sous le nom de Protectorat, puis de République.	Despotisme militaire de Napoléon sous le nom de République, puis d'Empire,
Restauration d'un Stuart, Charles II, et réaction tory.	Restauration d'un Bourbon, Louis XVIII, et terreur blanche.
Jacques II (2º restauré), par ses excès de pouvoir et la violation des lois, exaspère la nation qui appelle Guillaume d'Orange. Le dernier des Stuarts, abandonné de tous, s'enfuit en France.	Charles X (2º restauré), par ses excès de pouvoir et la violation de la Charte, exaspère le peuple qui se soulève. Le dernier des Bourbons s'enfuit en Angleterre.
Durée de l'agonie de l'arbitraire : 1640-1688 — 48 ans.	Durée de l'agonie de l'arbitraire : 1789-1830 — 41 ans.

qui pousse irrésistiblement à la persécution celui qui dispose de la toute-puissance.

Le mécontentement va grandissant, les émeutes commencent, l'armée qui les réprime se fatigue vite de ce rôle ingrat, et cherche à comprendre. Réprimer une émeute, c'est se mettre en contact avec les insurgés, c'est faire de la politique; l'armée raisonne. Le souverain, qui appelle au secours, ne se voit entouré que d'amis gavés, en quête comme lui de défenseurs contre l'ouragan populaire, dont le premier souffle renverse l'édifice.

Rappelons donc sommairement le procès de l'évêque de Londres, la haute commission ecclésiastique; la déclaration d'indulgence; le camp d'Hounslow; le supplice de Johnson; les émeutes à Bristol, à Westminster, à Londres, contre les fondations de colléges de jésuites et les cérémonies catholiques; le conflit avec les Etats d'Ecosse; les émeutes à Edimbourg, les scandales du gouvernement de Tyrconel en Irlande, enfin la chute des Hyde.

Jacques avait entrepris de convertir, de gré ou de force et au mépris des lois, tout son peuple à la religion catholique. L'opposition du Parlement était certaine, il prononça la dissolution après deux prorogations, et décidé à aller jusqu'au bout, il chercha un appui chez celui précisément qui devait le renverser et prendre sa place. « *Quos vult perdere Jove dementat.* »

Les rapports entre Jacques et Guillaume ne tardèrent pas, en effet, à devenir des plus aigres, tandis que toutes les sympathies de la Hollande étaient pour les protestants persécutés.

La seconde déclaration d'indulgence, les menaces contre les dix mille curés désobéissants, le procès des évêques, décidèrent Guillaume. Il débarqua avec une petite armée qui, sans verser une goutte de sang, délivra l'Angleterre d'un souverain, que pas un de ses dévoués n'osa défendre.

N'est-ce pas l'histoire d'hier, d'aujourd'hui, de demain peut-être? Prorogation et dissolution des Parlements, élections forcées par la corruption, la violence et toutes les machines officielles, lois torturées, tribunaux affolés, chasse aux écrivains, dans tous les ministères les hommes les plus impopulaires, pour qui tout administré est un ennemi; la paix armée à l'intérieur, et puis — la fin. — Il n'y avait pas de Suisses à Londres en 1688, ni à Paris le 4 septembre.

On se demande si Jacques eût découvert que les électeurs devaient être convoqués dans le délai de trois mois pour *ne pas* faire de nouvelles élections.

L'absolutisme était définitivement vaincu. La liberté eut toutefois à se défendre longtemps encore contre les retours offensifs des puissants déchus. En 1745, plus de cinquante ans après la Révolution, un petit-fils de Jacques II trouva assez de partisans en Écosse pour lever une armée, pénétrer en Angleterre et menacer Londres. La menace suffit pour réveiller la nation endormie dans le bien-être de ceux qui ont oublié le fouet.

L'histoire ne mentionnera plus le nom des Stuart. L'Angleterre, il est vrai, conserve des rois, et bien peu échapperont à la tentation du pouvoir absolu, que la tradition leur montre comme une proie facile. Mais les Anglais se souviennent, et jamais ils ne consentiront à reculer. Toutes les entreprises de la royauté échouent contre la fierté de l'Anglais libre. Depuis la Révolution, les Anglais ont estimé par dessus tout cette liberté si péniblement conquise.

Aussi, aujourd'hui, toute manifestation d'opinion peut se produire en Angleterre, sans se heurter à la susceptibilité d'un gouvernement jaloux.

Cent mille hommes peuvent se promener en procession, bannières déployées, pour témoigner de leurs sympathies en faveur d'un bill, même d'un accusé, sans qu'un pouvoir ombrageux lance au devant d'eux la force armée, avec laquelle une collision serait aussi inévitable à Londres qu'à Paris.

M. Gladstone a pu prononcer vingt discours sur l'Eglise d'Irlande, et blâmer dans dix meetings la politique des tories en Orient, sans risquer de se voir, à la fantaisie du ministère, menacé de cinq ans de prison et 6,000 francs d'amende.

Tous les journaux ont reproduit ses discours, et l'Angleterre entière se fût soulevée, si l'on eût saisi un seul numéro d'un seul d'entre eux.

Le jour où ce même M. Gladstone déclara se retirer de la vie politique, l'opposition se choisit un nouveau chef, le marquis de Hartington, — et le chef du cabinet, M. Disraéli, ne conseilla pas à la reine de dissoudre le Parlement, sous prétexte qu'il existait dans la Chambre un gouvernement rival; il ne proposa point aux électeurs du Royaume-Uni ce dilemme singulier : « Choisissez entre la reine Victoria et le marquis de Hartington. »

L'Angleterre serait-elle plus que nous, plus que tout autre pays à l'abri des révolutions, si elle tombait aux mains d'un roi comme Charles X avec un ministère Polignac, comme Louis-Philippe avec M. Guizot, comme Napoléon III avec le ministère du 10 août? Non, car c'est elle-même qui nous a donné l'exemple des révolutions contre les monarques sourds à la voix de leurs sujets. Mais le despotisme ne saurait vivre dans l'atmosphère de liberté qui règne en Angleterre, et l'on n'y voit ni Charles X, ni Napoléon III, partant ni révolutions.

Le roi des Belges pratique avec la même loyauté le gouvernement parlementaire représentatif; il prend ses ministres alternativement et au gré du vent électoral, parmi les libéraux ou parmi les ultramontains; il s'accommode en toute occurence d'une opposition disciplinée, docile aux ordres d'un chef qu'il ne traite pas en ennemi, qu'il ne fait pas emprisonner, mais qu'il prend pour ministre, si les Chambres lui donnent la majorité.

Le roi d'Italie n'a ni brûlé Rome, ni décrété l'état de siége, ni dissout le Parlement, ni même montré d'humeur, le jour où un vote de la Chambre l'a mis dans l'alternative ou d'estropier la Constitution ou de prendre pour ministres les anciens compagnons d'armes de Garibaldi à Aspromonte. Il n'a pas cru pour cela Garibaldi plus roi que lui-même. Et certes, depuis que Victor-Emmanuel a donné cette preuve de loyauté et de sagesse, l'Italie est plus prospère que s'il lui eût fallu se débattre entre une crise aiguë et un coup d'Etat.

Et nous? — Nous! nous avons le malheur d'être trop riches en grands hommes, si grands qu'ils ne sauraient s'abaisser jusqu'aux concessions que consentent les Victoria, les Léopold, les Victor-Emmanuel. A qui la faute? Les Anglais, les Belges, les Italiens prétendent que la faute en est aux électeurs, qui ne savent pas défendre la Liberté que leurs pères ont payée de leur sang.